W0332381

Anselm Grün

Das Glück der Gelassenheit

im ABC der Lebenskunst

Mit Fotografien von Micha Pawlitzki

HERDER

FREIBURG · BASEL · WIEN

Gelassen sein, das möchte jeder Mensch. Mit Gelassenheit verbinden wir eine Haltung, in der uns nichts so leicht aufzuregen vermag. Ich gehe gelassen in eine Sitzung, ohne Angst, was da kommen mag. Ich habe meine Angst losgelassen. Ich bin frei von dem Druck, alles perfekt machen zu müssen. Gelassenheit ist innere Freiheit. Ich habe mich befreit von dem Grübeln, wie die Sitzung oder die Begegnung oder die Prüfung ablaufen könnte. Ich habe die Überlegungen, wie ich auf andere wirke, wie ich alles richtig machen könnte, losgelassen, um mich einzulassen auf das, was kommt.

Ich bin frei für den Augenblick, frei für das, was gerade auf mich zukommt.

Gelassenheit setzt Loslassen voraus. Die Weisen aller Zeiten raten uns, unsere Anhänglichkeit an die Dinge loszulassen. Ich soll es aufgeben, am Besitz zu hängen, um meine Sorgen für die Zukunft zu kreisen. Es gilt auch, die Sorge um meine Gesundheit loszulassen. Ich soll meinen Erfolg loslassen, meine Fixierung auf meine Karriere und meine Geltung bei anderen Menschen. Gelassenheit ist eine innere Aufgabe. Und diese Aufgabe ist nicht so einfach. Denn indem wir versuchen, unsere Anhänglichkeit an die Dinge dieser Welt loszulassen, merken wir, wie sehr wir daran hängen ...

... wir sehr wir unsere Existenz auf Dinge aufgebaut haben, die letztlich doch nicht tragen.

Die Griechen der Antike haben unseren Begriff von Gelassenheit mit dem Wort „apatheia" beschrieben. Es ist die Freiheit vom fixierten Verhaftetsein an Leidenschaften. Dabei war ihnen und auch den frühen Mönchsvätern klar, dass wir die Leidenschaften weder vernichten, noch unterdrücken können. Es geht vielmehr darum, mit ihnen so umzugehen, dass sie uns nicht beherrschen. Es gilt, uns die Kraft, die in ihnen steckt, zunutze zu machen. Gelassen ist der Mensch, der innerlich frei geworden ist von der Vorherrschaft der Bedürfnisse, der Emotionen, der Leidenschaften. Er schaut seine Bedürfnisse an und ist frei zu entscheiden, welches er erfüllen will und wo er nein sagen möchte.

Emotionen bringen den Gelassenen in Bewegung. Aber sie bestimmen ihn nicht. Er hat die Regie über die Leidenschaften, dass sie ihm dienen, anstatt von ihnen beherrscht zu werden.

Wer ständig gegen seine Leidenschaften wütet, fixiert sich darauf und kommt nie von ihnen los. Wer seine Bedürfnisse unterdrückt, ist ständig mit ihnen beschäftigt. Die Lebenskunst besteht darin, die Leidenschaften, Bedürfnisse und Emotionen wahrzunehmen, sie sein zu lassen, wie sie sind, ohne sich mit ihnen zu identifizieren: Ich nehme wahr, dass in mir Ärger hochsteigt, aber ich folge dem Ärger nicht. Roberto Assagioli, ein italienischer Psychiater, nennt diese Methode Dis-Identifikation. Und er hat daraus eine eigene Übung gemacht: Ich nehme wahr, wie Angst in mir hochsteigt. Aber der Punkt in mir, der die Angst beobachten kann, ist von der Angst nicht infiziert.

Ich sage mir: „Ich habe Angst. Aber ich bin nicht meine Angst.
Ich habe Probleme. Aber ich bin nicht mein Problem.
Ich habe Ärger. Aber ich bin nicht mein Ärger.“

Die Römer der Antike benennen die Haltung der Gelassenheit mit dem stoischen Begriff „aequo animo“. Der Mensch soll alles, was er tut, mit Gleichmut tun, mit einer Seele, die im Gleichgewicht ist, die sich nicht so leicht hin- und herzerren, die sich nicht aus der Balance bringen lässt. Benedikt von Nursia verlangt vom Cellerar, dem wirtschaftlichen Leiter eines Mönchsklosters, dass er „aequo animo“ seine Aufgabe verrichte: Er soll sich nicht aus der Ruhe bringen lassen. Das ist leichter gesagt, als getan. Es verlangt die Haltung, mein Haften an den Dingen, meinen Ehrgeiz, meine Geltungssucht, meine Empfindlichkeit loszulassen.

Dann werde ich mich von den Turbulenzen um mich herum nicht aus der eigenen Mitte reißen lassen. Ich bin gelassen, anstatt mich von außen bestimmen zu lassen.

Nur der findet wirklich zur Gelassenheit, der sich selbst loszulassen vermag. Unser Ego mischt sich in alles ein, was wir tun. Das Ego kommt nie zur Ruhe. Es will immer glänzen, immer bestimmen, immer alles haben. Daher ist es harte Arbeit, das Ego immer wieder loszulassen. Dabei geht es nicht darum, das Ego zu zerbrechen. Denn ohne Ich können wir nicht leben. Aber das Ego drückt sich aus in vielen Illusionen, die wir uns vom Leben gemacht haben. Wir nähren in uns die Illusion, dass wir alles im Griff haben, dass wir die Besten sind, dass wir erreichen werden, was wir wollen.

Nur wer sein Ego mit seinen vielen Illusionen loslässt, wird wirklich gelassen. Er ist innerlich frei geworden.

Die Freiheit von der Zwangsjacke des Ego hat Jesus im Blick, wenn er zu seinen Jüngern spricht: „Wer mein Jünger sein will, der verleugne sich selbst, nehme sein Kreuz auf sich und folge mir nach" (Markus 8,34). Viele haben dieses Wort missverstanden, als ob wir uns selbst zerbrechen oder verbiegen oder entwerten sollten. Doch das griechische Wort für „verleugnen" „aparneisthai" heißt: Widerstand leisten, nein sagen, sich lösen. Es geht darum, nein zu sagen zu der Tendenz des Ego, alles für sich zu vereinnahmen. Es geht darum, das Ego loszulassen, damit sich unser wahres Wesen entfalten kann, damit wir innerlich frei werden für das einmalige und einzigartige Bild Gottes in uns.

Wir brauchen inneren Abstand zum Ego, damit wir zu unserem wahren Selbst finden, damit wir innerlich stimmig werden, in Einklang kommen mit uns selbst.

Jesus beschreibt die Gelassenheit noch mit einem anderen Wort: „Wer sein Leben retten will, wird es verlieren; wer aber sein Leben um meinetwillen und um des Evangeliums willen verliert, wird es retten“ (Markus 8,35). Wer am Leben hängt, wird unfähig, es wirklich zu genießen. Er muss krampfhaft seine Gesundheit, seinen Besitz, seinen Erfolg festhalten. Er verwechselt Leben mit dem, was er hat. Doch Leben will strömen. Und das gelingt nur, wenn wir es loslassen, wenn wir uns dem Fluss des Lebens überlassen. Der Mann aus Nazaret sagt von dem, der sein Leben um des Evangeliums willen loslässt, dass er sein Leben rettet.

Mein Leben wird heil und ganz. Es gelingt. Die Voraussetzung ist, dass ich meine Vorstellungen vom Leben um der frohen Botschaft vom wahren Leben willen loslasse.

Es gibt die Redewendung: „Ich verlasse mich auf Gott." Damit drücken wir aus, dass wir uns selbst verlassen, dass wir weggehen von uns, von unserem Ego, um uns auf Gott zu verlassen, um auf Gott zu vertrauen, der uns wirklichen Halt gibt und wahres Leben schenkt. Ich kann mich nur auf Gott verlassen, wenn ich mein Ego und das Festklammern an den Dingen meines Lebens loslasse. Ich kann mich nur selbst verlassen, weil ich von Gott nie verlassen werde, weil ich von Gott getragen und gehalten bin. Vertrauen und Sich-Verlassen meint im Deutschen das Gleiche. Offensichtlich können wir uns auf einen anderen Menschen nur verlassen, wenn wir unsere Zweifel und unser Misstrauen loslassen.

Und auf Gott ist nur Verlass, wenn wir unsere festen Vorstellungen von unserem Leben losgelassen haben. Dann verlassen wir uns auf Gott und erfahren gerade darin wahre Gelassenheit.

Wenn sich ein Kind von den Eltern verlassen fühlt, spürt es in sich eine tiefe Verletzung. Es hat Angst vor jedem Abschied. Die alte Wunde der Verlassenheit bricht in ihm wieder auf. Wie soll ein verlassener Mensch gelassen werden? Wenn ein Mensch uns verlässt, tut es weh. Wenn wir unser Ego verlassen, werden wir frei. Die Kunst des Lebens bestünde darin, sogar seine Verletzungen zu verlassen, von ihnen wegzugehen. Doch das gelingt wohl nur, wenn ich tief in meinem Herzen weiß, dass Gott mich nie verlässt, das ich mich auf ihn immer verlassen kann. Und es bedarf des Vertrauens, dass ich zwar mein Ego mit all seinen Meinungen und Urteilen, aber nie mein wahres Selbst verlasse.

Ich lasse mich selbst nicht im Stich. Ich halte mich selbst aus. Ich kann mich auf diesen innersten heilen und gesunden, den unverletzten und unverfälschten Kern in mir verlassen.

Von einem Menschen, der stirbt, sagen wir: Er hat uns für immer verlassen. Loslassen ist immer eine Art Sterben. Ich sterbe in meiner alten Identität, in der ich mich von der Welt her definiere, von meiner Leistung, von meinem Erfolg, von meiner Gesundheit her. Die Welt mit ihren Maßstäben stirbt für mich. Doch Sterben zielt immer auf Auferstehung. Sterben dient einem intensiveren Leben. Im Sterben zerbricht der Panzer, den ich um mich herum aufgebaut habe, und das unverfälschte, unverstellte, ursprüngliche Bild Gottes in mir kommt zum Vorschein.

Ich sterbe, um wahrhaft zu leben. Ich verlasse mich, um mein wahres Selbst zu finden.

Meister Eckhart, der große Mystiker, spricht sogar davon, dass wir auch Gott lassen sollen. Wir sollen unsere Bilder von Gott loslassen. Wie wir uns Illusionen von uns selbst gemacht haben, so auch von Gott. Wir haben uns Bilder von Gott zurecht gelegt, die uns dienen. Wir benutzen Gott, damit es uns gut geht, damit wir uns über andere stellen oder damit wir uns sicher fühlen. Gelassenheit meint für Meister Eckhart, dass wir all unsere Bilder von Gott loslassen, damit Gott als Gott erscheinen kann. Es ist der unverfügbare Gott, der sich unserem Zugriff entzieht und unser Begreifen übersteigt.

Nur wer seine Bilder von Gott losgelassen hat, vermag dem unbegreiflichen und ganz anderen Gott zu begegnen, dem Gott, der seine Sehnsucht wirklich zu erfüllen vermag.

Gelassenheit braucht Zeit. Sie verträgt keine Hektik. Ich muss mir Zeit lassen, um gelassen bei den Dingen zu sein. Ich brauche Zeit, um mich auf ein Gespräch oder auf eine Begegnung einzulassen. Sich Zeit lassen ist das Gegenteil davon, Zeit auszunutzen, sich vom Termindruck bestimmen zu lassen. Indem ich mir Zeit lasse, breche ich aus der Herrschaft der Zeit aus. Ich nehme die Zeit wahr. Ich genieße sie. Die Zeit ist mir geschenkt. Ich lasse den Druck los, was ich alles in der kurzen Zeit noch erledigen müsste.

Ich lasse die Zeit fließen und nehme sie wahr. Zeit ist immer geschenkte Zeit – Zeit, die Gott und mir selbst gehört, in der ich mir und meinem wahren Selbst gehöre.

Gelassen ist, wer in seiner Mitte ruht. Oft aber lassen wir uns aus unserer Mitte herausreißen. Wir regen uns über Kleinigkeiten auf. Wir sind immer in Gedanken bei den anderen und lassen uns von ihnen bestimmen. Wer gelassen in seiner Mitte ist, kann auch gelassen auf die Andersartigkeit der Menschen schauen. Er nimmt sie wahr, ohne sie zu beurteilen. Er lässt sie sein, wie sie sind, und freut sich sogar an ihrem Anderssein. Wer keine Mitte hat, lässt sich von jedem Menschen in eine andere Richtung drängen. Bald fühlt er sich zerrissen, hin und her gezerrt von Meinungen, Erwartungen und Urteilen anderer.

Gelassenheit braucht es, immer wieder mich zu spüren, in meine Mitte zu kommen und die anderen dort zu lassen, wo sie sind, und sie so zu lassen, wie sie sind.

Gelassenheit bedeutet, sich zu befreien von den Erwartungen und Ansprüchen, die wir an uns selber stellen. Viele Menschen stehen immer unter Druck. Bei allem, was sie tun, setzen sie sich unter Leistungsdruck. Oder aber sie vergleichen sich mit anderen. Oder sie können sich nicht auf den Augenblick einlassen, weil sie immer denken, was die anderen jetzt über sie denken könnten. Sie sind unfähig, sich auf das einzulassen, was sie gerade tun. Sie haben bei ihrer Arbeit immer Nebenabsichten. Sie arbeiten nicht nur, sondern wollen sich in ihrer Arbeit beweisen, sie wollen andere damit übertreffen. Diese störenden Nebengedanken hindern sie daran, gelassen das zu tun, was sie gerade in die Hand nehmen.

Gelassen ist, wer bei sich ist, frei von den Gedanken, mit denen er ständig sich selbst und sein Tun beurteilt.

Gelassen ist ein Mensch, der Dauerhaftigkeit und Festigkeit ausstrahlt. Man merkt diesem Menschen an, dass er nicht so leicht aus der Ruhe zu bringen ist. Er lässt sich nicht durch jede Meinung von seinem klaren Standpunkt vertreiben. Doch sein Standpunkt ist nicht starr und unbeweglich. Er steht nicht wie ein Betonpfeiler, sondern wie ein Baum, der zwar vom Wind hin und her bewegt wird, aber fest verwurzelt in der Erde ruht. Gelassen vermag zu sein, wer gesunde Wurzeln hat. Er ruht in sich. Der Baum überdauert Stürme, Sonnenschein und Regen. Er sieht gute und böse Tage. Er wächst weiter, auch wenn es um ihn herum tobt.

Wenn ich einen alten, fest verwurzelten Baum anschaue, habe ich teil an seiner Kraft – und werde gelassen.

Der Apostel Paulus begründet die Haltung der Gelassenheit damit, dass „die Gestalt dieser Welt vergeht". Darum soll sich ein Mensch so verhalten: „Er weint, als weine er nicht; er freut sich, als freue er sich nicht; er kauft, als würde er nicht Eigentümer; er macht sich die Welt zunutze, als nutze er sie nicht" (1 Korinther 7,30f). Bei allem, was wir tun, gilt es, um die Relativität zu wissen. Wenn uns jemand verletzt, weinen wir. Aber im Weinen sollen wir wissen, dass das nicht die letzte Wirklichkeit ist. Wir müssen in dieser Welt Dinge kaufen. Aber sie sind nicht das, worauf wir unsere Identität bauen können.

Es gibt eine andere Wirklichkeit. Für Paulus ist es das Ende der Welt, wenn Christus erscheint und alles neu macht. Dieser Glaube führt ihn zu einer inneren Freiheit, die uns heute gut täte. Unser Leben würde mehr Gelassenheit und Leichtigkeit atmen.

Gelassenheit haben vor allem die frühen chinesischen Weisen gepredigt. Sie glauben daran, dass das Eigentliche entsteht, wenn wir unsere Vorstellungen und Absichten loslassen. Sie sind einverstanden mit dem Tao, einverstanden mit dem Leben. Sie dienen dem Leben, damit es sich so entfalten kann, wie es von Gott her gedacht ist. Sie verzichten darauf, das Leben nach den eigenen Vorstellungen zurecht zu biegen. Tschuang-tse sagt von den alten Weisen, die Gelassenheit verkörperten: „Sie nahmen alles, wie es kam. Völlig heiter nahmen sie den Tod an. Ohne Jammern, und gingen fort, dorthin, nach drüben."

Gelassen wird, wer in solch innerer Freiheit allem begegnet, was auf ihn zukommt. Darin sind sich die Weisen aller Religionen einig.

Viele stehen unter dem Druck, alles ändern zu müssen. Sie meinen, sie seien so, wie sie sind, nicht gut. Nur wenn sie sich veränderten, würden sie akzeptiert. Und: Die Welt ist nicht gut. Sie muss verbessert werden. Die Haltung der Gelassenheit sagt etwas anderes: Lass die Dinge so, wie sie sind. Akzeptiere sie. Meditiere dich in die Dinge hinein. Erst dann kannst du sie behutsam berühren und gestalten. Der gelassene Mensch lässt das Leben, wie es ist. Er lässt sich selbst so, wie er ist. Er vertraut darauf, dass Gott ihn gut geschaffen hat. Was er zu tun hat, ist, darauf zu achten, dass die ursprüngliche Gestalt, die Gott ihm gegeben hat, in ihm heranwachsen kann, dass er immer mehr zu dem wird, der er im Grunde ist.

Ich muss nicht ständig an mir herumändern. Ich bin schon gut. Das Gute braucht nur noch durchzubrechen durch all die Hüllen, die es verstellen.

Versuche, Gelassenheit einzuüben, indem du einfach mal die Dinge betrachtest, die du siehst. Schau dein Zimmer an, ohne etwas daran ändern zu wollen. Erfreue dich an dem, was ist, und spüre dich in die Dinge hinein, was sie dir sagen. Schau in die Landschaft, ohne sie im Bild festhalten, ohne sie umzugestalten zu wollen. Nimm wahr, was ist, und lass es so sein. Dann wirst du einen tiefen inneren Frieden spüren. Du wirst die Schönheit in allem erkennen. Du wirst die inneren Zusammenhänge entdecken. Und du wirst gelassen werden, frei von dem Zwang, alles nach deinen Vorstellungen ändern zu müssen.

Lass die Dinge, wie sie sind. Lass deine Vorstellungen los. Dann blühen die Dinge auf. Die Gelassenheit wird dich reich beschenken.

Stelle dir vor: Du lässt deinen Freund oder auch deinen Feind so, wie er ist. Du verzichtest darauf, ihn ändern zu wollen. Du betrachtest ihn einfach, meditierst dich in ihn hinein und sagst zu dir: Er ist, wie er ist – sie ist, wie sie ist. Wenn du das eine Zeitlang versuchst, wird der Druck von dir abfallen, andere nach dei-nen Vorstellungen umzubiegen. Deine ungeduldigen Erwartungen an ihn oder sie werden schwinden. Er darf sein, wie er ist. Es ist gut, dass sie so ist, wie sie ist. In dieser gelassenen Haltung wirst du entdecken, was in ihm an Weisheit, an Kraft, an Sehnsucht, an Liebe steckt.

Gelassenheit wird dir zu einem guten Führer werden, mit den Menschen angemessen, vorurteilsfrei, liebevoll umzugehen. Und meist bleibt das Echo nicht aus.

Das Schwierigste ist, sich selbst loszulassen. Ich merke, dass sich das Ego in alles einmischen möchte. Wenn ich schreibe, drängt mich das Ego, etwas Interessantes zu schreiben, mit Worten Eindruck zu machen. Dann bin ich aber nicht frei, die Worte fließen zu lassen, die aus einer größeren Tiefe kommen. Wenn ich etwas sage, hindert mich das Ego, das zu sagen, was in meinem Herzen aufsteigt. Oft sage ich, um etwas zu bezwecken, um Eindruck zu machen, um Erwartungen zu erfüllen. Gelassenheit aber lässt dem Raum, was wirklich ist. Sie lässt die Wahrheit gewähren. Der deutsche Philosoph Martin Heidegger verlangt daher die Gelassenheit des Denkens. Das Denken hat die Aufgabe, die Dinge sein zu lassen, statt sich über sie Gedanken zu machen. Das Ego loslassen im Denken, Sprechen und Handeln ist eine ständige Aufgabe.

Immer wieder wird sich das Ego in den Weg stellen. Doch wenn es mir gelingt, es zu lassen, dann wird Gelassenheit zu einer Quelle des Friedens, der Freiheit und der Liebe.

Von Anselm Grün in gleicher Ausstattung

Das Glück der Achtsamkeit
ISBN 3-451-28442-1

Das Glück der Begegnung
ISBN 3-451-28443-X

Das Glück der Dankbarkeit
ISBN 3-451-28444-8

Das Glück des Einklangs
ISBN 3-451-28445-6

Das Glück der Stille
ISBN 3-451-28631-9

Alle Rechte vorbehalten – Printed in Italy
© Verlag Herder Freiburg im Breisgau 2005
www.herder.de
Gesamtgestaltung: Greenstuff, München
Satz / Aufbau: Reprographia Medienhaus-Lahr
Herstellung: L.E.G.O. Olivotto S.p.A., Vicenza 2005
Gedruckt auf umweltfreundlichem,
chlorfrei gebleichtem Papier
ISBN 3-451-28630-0